ORD OCH INGA VISOR

Ett urval av gamla och nya dikter,
tankar och funderingar.

AV

ROBERT VASZI

Titel: Ord och inga visor
Copyright © 2016 Robert Vaszi
Omslagsbild: Robert Vaszi
Typsnitt: Bookman old style
Tryck: BoD, Tyskland
Förlag: BoD, Sverige

ISBN: 978-91-7699-157-2

"I begynnelsen var Ordet, och Ordet var hos Gud, och Ordet var Gud. Detta var i begynnelsen hos Gud. Genom det har allt blivit till, och utan det har intet blivit till, som är till. I det var liv, och livet var människornas ljus. Och ljuset lyser i mörkret, och mörkret har icke fått makt därmed. "
(Johannes döparen 1:1-5)

TRYCKSVÄRTA SOM NÄRING

Alla de dikter,
alla de böcker,
alla de ord som vi ej förstod.
Vi tog dem för givet, ord för ord.
Kunskapensträd; en bok.
Vänder blad och upptäcker bedrifter,
skrivna av geni, dåre och tok.
Pamfletter, noveller och heliga skrifter,
spår från människohänder.
Trycksvärtan sätter sina spår.
Och se vad vi till framtiden sänder.
Människa du tvår dina händer.
Om du bara hade kunnat läsa, mellan
raderna, hade du kunnat bli en av barderna.
Men som den godtrogne läsare du är,
märker du inte hur trycksvärtan fördunklar
din atmosfär.
Siare och profeters ord, framdukade på
naturvetarens bord.
Dissektion, amputation. Från ord till
handling, förvandling.
Ord står mot ord.Trycksvärta, ordets makt.
Människa, se upp, var på din vakt.

EN DIKT, EN BIKT

Vad är dikter utom mer än ord.
Mycket för en själ som törstar.
Men ack så lite för dem som ej
har bröd på sitt bord.

Den fattiges lott
utan jobb eller skola
får han gå hemma och gnola.
Sträcker ut en tanig hand
undrar om han ska få en smula
av de som har det gott.

Med ryggen krökt och med mössan
i sin hand, letade han efter sitt levebröd.
Ja, han försökte, i detta land,
och nu är han död.

Han vågade inte protestera
och han kunde inte skriva om det som
han tyckte var fel.
Han hade gikt och hans rygg var stel
och till sist orkade han inte mera.
Frun skrev en kärleksdikt till honom där han
låg på sin bädd
Han somnade in utan att vara rädd.

"OSKYLDIG"

En penna och ett oskrivet blad, oskyldiga äro
de.
Ett ord på ett ark, oskyldigt äro det.
Ord samlade till meningar på många ark.
Oskyldigt samlade till en bok.
En bok, oskyldigt står den bland många i ett
bibliotek.
Nedplockad från sin hylla ligger den
oskuldsfullt i någons hand.
Och när boken har blivit läst och åter ligger
på sin oskuldsfulla plats, så har den gjort sin
plikt.
Om sedan skuld finnes så ligger den hos
människan.

DASS Kapital

Makt, pengar, ära,
slåss för kapitalet min kära.
Kyss arslen och gå på knäna.
Karriäristens bana,
jag vill ha mera, jo tack.
Högt man håller materialismens fana.
Släng ut slödder och pack,
och låt dem mot dollar på benen sära.

Aktier, dollar och pund,
byggklossar för de rika.
Sitt du skabbiga hund,
tror du vi är jämlika.

U-lands barn blir tigerns föda,
för oljebolag är de endast en börda.
Civilisation, tjugohundratal,
 Eu-korruption och skandal efter skandal.
Stöveltramp, soldater på led.
Retorik från en maktelit,
säger, ni ska slåss för demokrati och ära.
Ja hjältar vad ni stred, på ängar, i dynga o i
skit.
Ja ni dog för saken, vad mer kan man begära.

HUMANIORA. DOT. COM

Siffror o tal i statistikens sal.
En myriad av information.
Vi har alla blivit debet och kredit,
i massproduktionens bal.

Dansa efter dess pipa.
 Köp o sälj, svälj,
 din stolthet och sluta lipa.
En förbrukningsvara du är,
med "bäst före"
skrivet på din tröja.
Ja vem kommer dig att sörja,
du som en gång smorde maskineriet,
i ditt anletes svett.
Javisst är livet en djävla sörja,
när endast kapitalet har rätt.

Humaniora, ja skåda när vi endast tar hand
om "de våra".
Kapitalet säger att vår lott,
är att leva i överflöd.
Pärlor till svinen,
och bacon stekta i flott.
Ett skådespel i nöd.
Ja, du dog under baldakinen.

11

"GENERAL, GENERAL!"

Generaler, män med paljett fyllda bröst
som trånar efter makt.
General! General! du gormar och svär,
skyldra gevär... givakt!
Och när reveljen går så tappar ni allt vett och
sans.
Hur kan vi då få en värld i balans.
Med stöveltramp och med vapen i hand,
marscherar ni mot främmande land.

Svält och hungersnöd följer i era spår.
Vet ni inte åt vilket håll det går,
när ni skövlar fält och ingenting sår.
Hur tror ni moder jord mår.

En stympad hand, ett barn som blöder.
Öga för öga, tand för tand.
Varför slår ni ihjäl era syskon, era bröder.
Generalen säger: Forcera, massakrera, för all
ära och guld vi fått.
 Och kapitulera, endast inför liemannens
schavott.

forts...

Änkan gråter där hon går bland de döda.
En gång var det här en blomsteräng,
där barn sprang, skrattade och åt glass med
maräng.
Nu jagar schakalen där sin föda.

Generaler! kliv ner från era höga hästar.
Kalla hem era bestar.
Byt geväret mot en plog,
för det är dags att så.
Se barnet, och förstå
att vi har fått nog.

Soldat, du gråter,
du har kommit hem.
Men är det någon som förlåter.
Så mycket smärta, som kommer åter.
Drömmar från blodiga ängar.
Styckade kroppar i blodiga sängar.
Och du som bara lydde order.

O´ve dig, du general!
som stal, liven från tusental.
Vem sörjer dig nu, general?
Vem vattnar blommorna på din grav?
Har alla givit sig av?
Inga tal, bara tystnad. Tyyyssstnad.

13

UNIKUM
"Teatermänniskan"

Människa...
du gråter, du älskar,
du skrattar, du förlåter.

Människa...
ditt liv är en teater.
Adam och Eva som fader och moder.
Vill du ha en broder?
Använd papper och klister.
Kulisser och statister.
Människa ditt liv är en teater.
Skratta och gråt över dina synder och later.

Människa...
fastän du är så liten på denna jord.
Använder du så stora ord.
Varför, då du blott är ett kvalster, ja en
smula på guds bord.
Människa...
var är ditt manuskript!
Spelar du på gehör, utan regi?
De e klippt! Gör sorti!

forts...

14

Människa...
ni skriker, ni vill synas, ni vill höras.
Stort är ert skådespeleri, säger ni.
I kortege ni vill framföras.
Applåder och stående ovationer.
Ridån går ner, blommor och
gratulationer.Slutstation... krematorium.

MORGONRODNAD
OCH
HONUNGSDAGG

Läppar formade till en kyss,
läppar fyllda av åtrå.
min kropp, din kropp,
mina läppar, dina läppar
min hud, din hud,
min morgonrodnad
din honungsdagg
och när de möts dör rosen av avund.

Min hunger du lindrar
min törst du släcker
jorden skälver och månen reflekterar ditt ljus.

Din skönhet bländar, paralyserar,
påfågeln rodnar i all sin prakt.
Näktergalen bugar ödmjukt och sjunger
endast för dig.
Ögon tindrar, det är en stjärnklar natt. En
stund av lycka.
Månen hälsar gryningen och tackar för sig.
Solen värmer och rosen klär upp sig, tagg för
tagg.

ÄNNU DOFTAR ROSOR

Ännu doftar rosor
ute på en blomsteräng.
Ännu sover barnet så sött, så tryggt
i sin säng.
Ännu lyser solen
och smeker din kind.
Ute på åkern springer en hind.
På havet... vågor.
En segelbåt kryssar, letar vind.
Par går hand i hand.
Kyssar... Hjärtan står i lågor.
En man plockar en ros.
En hund sträcker fram sin nos, och luktar.
Kvinnan skrattar, mannen suktar, vill ha en
kärleksdos.
Mannen trånar efter kvinnans kropp.
Ännu doftar rosor, och inger hopp.
Ännu porlar bäckar små.
Vattendroppar på gröna blad.
Fåglar sjunger en serenad.
Och en dag ska vi alla gå.
Till en plats där rosor ej förgå.

VÄGEN DU GÅR

Vägen du går
kan vara krokig och lång.
Men istället för att bli bitter å vrång,
ta ton, sjung en sång.

Vägen du går
är både kantad av glädje o sorg.
Ja livet är skört, som äggen i en korg.

Vägen du går
i mörker och i ljus.
Spår du sätter i jord och grus.

Vägen du går
har också andra gått.
Avtryck lämnade, ämnade,
som vägmärken.
 Kanske har de sått,
så att du kan skörda och få det gott.
Kanske.
Kanske hade de för brått. Glömde lämna
något kvar.
Kanske har vi inte förstått, att vägen vi går, år
efter år,
aldrig tar slut, bara vi.

"KÄRLEKEN ÄR..."

... En doft, en smak, en smekning så len.
Som solen den värmer dina bara ben.

... En kraft, en berusning, av lycka så skön.
Som när biet söker nektar, hörsammar blomman
hans bön.

... Som en smekning av vinden när den fångar ditt
hår.
Där du springer på ängar, eller vart du än går.

... Som fågelungen med bräckliga vingar. Trevar sig
fram,
osäker och rädd.
Upp till skyn hon svingar, till molnets trygga bädd.

... En känsla så klar,
men ibland så fel.
Om inte det inre räknas, vad är då kvar.
Köttslig lusta, beröring och kel.
Naken hud, en yta, en kropp så bar.

... Det finaste som finns.
Äkta den går ej att köpa, ej heller att fås.
Om den inte kommer från hjärtat, den vill förgås.

" EN MING VAS "
(min första dikt till Elinor)

Två himlakroppar virrvlade runt i en
parningsdans.
Skvätte stjärnstoft omkring sig, de var som i
trans.
De födde en Super Nova.
Månen fällde en tår av lycka,
 åt denna guda gåva

Så var hälsad sköna mö.
Du som kommen är ur kärleksblommans frö.
Kommen ur livet, är du nu livet.
Som en mingvas så skör och så dyrbar.
Med kärlek och värme de ska fylla dig, mor
och far.
Nu söker du dig till moderns bröst och får di.
I morgon söker du tröst för att åren drar förbi.
Men innan dess kommer våren när du liksom
fjärilen
kommen från puppa vill flyga och vara fri.

SKRATTANDE BARN

Skrattande barn,
en stund av lycka.
Skrattande barn,
tårar av glädje min
kind får smycka.

Skrattande barn,
värme och ljus.
Ett hopp om
frid och lycka.

Skrattande barn...

PENNAN (II)

Med ord kan du få oss att skratta eller gråta,
hata, älska och förlåta.
Du synlig gör våra tankar, idéer och later o
laster.
På gulnade ark, register, kontraster.
Bland kungliga sigill rör du dig med visioner,
som kan ena eller splittra nationer. Ja den
makten har du, men bara med en hjälpande
hand. Utan kan du bara göra skada om
någon trampar på dig.

INGEN HÖR (när ett Bi gråter)

Ingen hör, ingen känner.
Jorden bränner, en blomma dör.

- Bi du gråter, över svunnen vän. Med öppna
blad tog hon dig till dukat bord. Men du
förlåter, att hon vände åter, tillbaka till moder
jord.

- Blomma du gråter, din vän flög bort och
kom aldrig åter. Men du förlåter, och tackar
för en ny blomsteräng.

HJÄLTAR OCH DÅRAR

Hjältar och dårar,
vad skiljer er åt.
Änkor i tårar,
vem av er sade förlåt.

Hjältar och dårar,
marschera i takt.
Röster som lovar,
ära och makt.

Hjältar o dårar,
vem är slav, vem är fri.
När mästaren ringer i klockan,
vem säger nej, gör sorti.
Inte nickedockan.
Blod är blod, tårar är tårar.
Det rinner lika, på hjältar som på
dårar.
Hjältar och dårar,
vad skiljer er åt.
Ty tider har kommit och tider har
flytt,
och allt ni gjorde, ja allt ni gav.
Om det något betytt,
doftar blommor på er grav.

NÄR ÄNGLAR GRÅTER

När änglar gråter
faller regn, faller skugga.
Men solen kommer åter,
om de oss förlåter.

När änglar gråter
är det av glädje för att du kom,
och med sorg för att du gick.
Människa var glad för den tid du
fick.
Och välkommen åter.

När änglar gråter
faller ljus , faller skugga.
Tänder ett ljus... förlåter.
Kärleken vänder åter.
Torka bort en tår...det kommer en
vår...då du åter kan sätta segel och
lämna din brygga.

EN HYLLNINGSDIKT TILL VÅREN!

Du värmer min kind
Du smeker min hud
Du stillar mitt sinne, i doftande
blomsterskrud.

Du giver mig ljuv musik
i koltrast o näktergal sång.
Du skänker mig ro och harmoni
och vågors mjuka gång.
En sval vind fångar mitt hår,
det är vår.

VÅRDIKT

Först var hon "over there" och nu är hon här.
Hennes namn är Våren och vi håller henne så
kär.

Med ett leende sprider hon ett budskap om
att skönare tider är i antågande.
Tid för födelse, tid för sådd , tid för knoppar
att brista ut.
Tid för att bli förstådd.
Vingslag, en mås. Vingslag, en trut.

Storken guidar henne genom öppna
landskap, vitsippan niger och ler.
Koltrast söker maka, vill bilda familj, bli fler.
Näktergalen stämmer upp till sång. Orrspel.
Påfågeln viker ut sig i all sin prakt.

Solen hennes följeslagare är, smeker våra
sinnen, än här än där.
Kärlekspar går hand i hand.
Barfota barn på gyllene sand.
Ja, en så skön atmosfär, en tid av jordgubbar
och andra små bär.
Vår, du älskade! Stanna! bliv! Försvinn ej, ty
vi håller dig allt för kär.   forts...

För du är:
Tid för kärlek, tid för värme, tid för sång.
Tid för Rosendoft och kaprifol.
Spelmän i folkdräkt med knäppta västar och
fiol.
Spel upp! Spel upp till allsång. Knätofs och
långkjol, nu stundar åter dans.

Ja, var hälsad sköna mö.
Strö stjärnstoft och kärlekens och fredens frö.
Kom med ditt solblekta hår, kom, du är vår.

"KYSSEN"

Ack du söta
med läppar röda som bär
tänk om de mina kunde möta
vore då inte himmelriket här

Ack du välsignade kyss
vart blev du av.
Du kom, du gick, ja du var här
nyss.
Ja, vart blev du av
du ljuva kyss .

FLODEN!

Floden stillar ditt sinne
med sitt smutsiga vatten.

Den tvättar din buk
och renar dina tankar.

Floden sköljer ditt linne
och den glittrar av månljus om
natten.

Jag ger den liv på min duk.

ACK DU SKÖNA!

Ack du sköna
hal som en ål
dig vill jag beröra
ty det är mitt mål

så fly ej din kos
utan stanna en stund
och var min lilla ros
tills sömnen kommer med John
Blund.

VY FRÅN MIN BALKONG

Gula blommor på mitt fönsterbleck
I solljus och i skugga.
En skata pickar i gräset, flyger och är väck.

" SOMMAR"
(Ett vykort till Elinor)

Gula blommor på mitt fönsterbleck
i solljus och i skugga.
En skata pickar i gräset och är sen väck.

Blunda och må bra
för solen lyser och värmer.
Det är så det ska va.

Du sover så sött,så tryggt,
i din barnasäng.
Ännu doftar rosor
plockade från en blomsteräng.

Ännu är det sommar
och solen smeker din kind.
Ditt hår fladdrar till,
en midsommarvind.

Ett leende, du är i topp.
Ty ännu doftar rosor
och inger hopp.

BOKEN

Du döljer hemligheter för mig. Jag vill att du
öppnar dig... och förför mig. låt mig få
försvinna in i din sagovärld.
Jag vill ta dig... ord för ord.
Du ger mig en mening... att ströva vidare... på
djupet... Låt mig få sjunka in i dig och
försvinna i tid och rum... Få hungern mättad
och törsten släckt med bevingade ord från
källan av ditt ordförråd.
Din trycksvärta ger näring åt min fantasi.
Dina ord blir levande och får en mening.
Och när jag kan dig, vill jag citera dig. Och jag
vill ej komma till den mening som säger att
nu är det slut, nu finns det inget mera. Vill
inte ställa dig åt sidan... och börja på en ny.
Jag minns... du var ett kapitel i mitt liv. Jag
minns... att du var inbunden och full av liv.
Jag minns dig som igår.

BILEN !

Du vidunder av plåt och krom som spottar
och fräser med en andedräkt av svavel och
bly. Symbol för frihetens bojor. Så rullar du
fram på slingriga vägar, pustar och stönar
efter mer att dricka.
Rostar och faller ihop, om du inte får lite
ömhet och vård.
 Och kanske ibland en översyn av
bränslepumpen.
Precis som vi människor.

PENNAN !

Du magiska stav som sätter tankar
och funderingar på din yttersta spets.
Och gör dem till symboler och tecken
för mänsklig existens.
Ja, vad vore livet utan dej.
Och vad det oskrivna bladet skulle känna sig
ensamt, naket och övergivet utan din
beröring.
Och tänk dig de tårar som aldrig föll för att
romanen aldrig blev skriven.

Ja, du penna med ordets makt, du som bugar
ödmjukt mot teleprintrar och datorer.
Ja du vet, att här behövs ingen el.
Bara en hjälpande hand.

FÖRFATTAREN

Du naglar dig fast vid ditt vita ark av svettpärlor och prestationsångest. Pannan djupt fårad. Pennan klibbar i handen och bläcket rinner ut i floder av förväntningar. Mörkret faller och den lilla bordslampan kommer åter till användning som så många kvällar förr.

Timmarna går och blicken blir suddig. Meningar rinner ut i periferin. Kaffet är kallt och cigaretten tar sin sista suck i askfatet. Ihopskrynklade tankegångar ligger begravda i papperskorgen. Högar av vita oskuldsfulla blad ligger och väntar på att bli betäckta och få föda dig underbara noveller. Pennan är vass, brainstorm och mindflowing. Du spottar ur dig minnen från barndom och historia från fornstoradagar. Även fantasin och en flaska Chianti får vara med på ett hörn.

Gryningen gror medan du snarkar i vinrusets ljuva sömn. Blir väckt av en galen tupp som tycker att sömn är allt för stor lyx att slösa tid på. Hett kaffe och ett fat gröt ger ny näring åt nya frustrerade timmar vid skapandets altare. Drömmen lever dock vidare.

NI TAPPRA FÅ (del 1)

Med pennan i min hand och min kära vid min
sida
Oh Gud ! jag önska ej mera.
Större makt jag ej begära.
Guld o Silver, Patroner o Adel gärna får bära.
Själv vill jag stöpa hjärtan i honung o
ingefära.
Störta Tyranner doppade i tjära.

Ni tappra få. Konstnärer och humanister
som på er post stå. Och med raka ryggar
ni för ingenting skyggar.
Och när åskan går,
 plöjer bonden och sår.

Soldaten fick nog, gjorde om kanonen till en
plog.
Humanism, solidaritet,
lycka å frihet, ja tack.
För socitet, ers höghet
är vi bara pack.

Så skörda min broder,
tacka vår jord, vår moder.
Bjud in dina grannar i norr o söder
krossa kackerlackan under din sko,   (forts...)

38

arbetaren blöder.
kärlek, hopp och tro,
 kan alla få.
Så länge de finns,
   så länge de finns.
De tappra få.

(Ni tappra få
som står på de svagas sida.
Om ni ger upp, ni tappra få.
Vem ska då för de svaga strida?)

"TÄNK"

Tänk dig ett krig, dit ingen kom.

Tänk dig en äng,
som slapp se en stympad kropp.
Bara tusenskönor som slår knopp.

LIVET OCH DÖDEN (par i bojor)

De vandrar tillsammans, genom tid och rum.
Hand i hand, närda av varandra genom ödets
navelsträng. Ständigt i behov av varandras
närhet. Som mörker och ljus, par i bojor utan
att för den skull bli grå och ljum.

HISTORIA

Historia
svarta plumpar med stänk av skinande gloria.
Nostalgi och drömmar ristade i sten.

FATTIGA RIDDARE

Hans rustning är sliten och nött, den skiner
ej längre som förr. Hans lans är bruten och
skölden är bucklig och tål inte många stötar
till. Han tycker att något är dött, där han går
från dörr till dörr. Erbjuder sina tjänster så
som förr. Fastän åldern har tagit ut sin rätt,
så slår hjärtat fortfarande ett slag för godhet
och moral. Det har det alltid gjort i hans ätt.
Då de letade efter "the holy graal". Så även
om hans svärd har förlorat skärpan på sin
egg, så är hans tunga fortfarande vass. Och
biter på både drakar o drägg. Tiden har flytt
och så även gamla vapendragare. Några har
gått över till andra sidan. Syster kommer med
hans medicin och säger att frukosten är
serverad. Det ska bli fattiga riddare. Han
sadlar sin springare, en rollator av äldre
modell, svingar sin käpp som tappra få.
Och på darriga ben jagar han drakar, nu som
då.

"EN SKAPELSE"
(kort version)

Hur vemodigt är det inte att skapa, när man vet att allt en dag kommer att brytas ner, raseras, av de som ingenting annat vill. Ord förvrängs och tolkas efter behag. Vad som en gång var orginal byts ut mot gråa kopior. Bilder retuscheras, och minnena av det äkta trubbas av. En målning dör i skugglandet medan en annan ser gryningens ljus. Varför spelar en symfoni för döva öron? Ett barn skriker av hunger någonstans på denna jord. Själv har jag mat på mitt bord, men själsligen svälter jag när jag saknar ord. Ur kaos kom människan. Och dess kusin satte man i bur.Är kaos människans rätta natur?

Moder Natur skapar och raserar, sår och bygger nytt,utan några baktankar. Hon bara är; som universum med sina galaxer. Hon ser det stora i det lilla och hon ser oss sjunga lovsånger om materia.
Knoppar brista och gammalt lämnar plats för det nya, det ofödda. Som löven en tidig höstmorgon då de gör sig beredda likt fågelungar, få sväva fritt.   (forts...)

44

Vi lever blott en stund.
 I universum blott en sekund.
Vi har en historia. Och den föddes ur
ingenting.
Kanske kan vi bevara, försvara... den.
Eller så retuscherar vi... raderar... utraderar...
kanske...

Jag har skapat och använt många
ord. Men jag undrar fortfarande om det
hungrande barnet fick mat på sitt bord.
Kanske...

" EN BRUNN AV TÅRAR "

Han som ger ett törstande barn något att
dricka, är han inte värd att ha en brunn med
det klaraste vatten?

Och han som delar sitt bröd med ett barn
som svälter och är i nöd, är han inte värd en
bördig mark som ger riklig skörd?

Och när han som bjöd in till sitt bord ligger
under jord.
Är han inte värd brunnar av tårar som vattar
blommorna på hans grav. Ty han gav och lät
ej ett barn gå före honom till den eviga vilan.

FRAMFÖR TVn !

Fåtöljen är sliten och av kaffet återstår bara sump. Det ihopskrynklade cigarrettpaketet ligger slängt på den gröna heltäckningsmattan. Katten dåsar i ett hörn av soffan Elsa, IKEA anno1987. Känslor av tomhet, vaccum och bottennapp. Ölburkar skrynklas ihop av valkiga händer. Fortfarande törstig. Flottiga fingrar zappar på fjärrrkontrollen. Zapp zapp zapp fram och tillbaka. Pizzan är kall och oaptitlig som nyheterna med vädret.
Sitter kvar, söker efter spänning och innehåll. Som livet. Lurad.
Sitter fortfarande kvar. Hör skratten och gråten välla ut ur TV-möbeln. Den får en att känna sig mindre ensam och övergiven.
Sent, myrorna har börjat sin inmarsch på TV-skärmen. Katten snarkar på soffan och det är några få timmar kvar till gryningen.

Klick. Zzzz....

JAG EN MÅLARDUK!

Du stirrar på mig med undrande blick. Jag undrar också. Vad tänker du göra med mig? Jag som är oskuld och vit som snö. Kommer du att göra mig grå och trist? Eller vill du låta fantasin skena iväg med dig och klä mig i regnbågens alla färger? Kommer du att ta mig hårt och aggresivt? Snabbt på och sen är man ett avslutat kapitel, eller tänker du smeka min nakna kropp länge och väl, låta fingertopparna massera min knottriga hud? Ja dränk mig i dyrbara oljor och klä mig i blomsterskrud. Ja gör det, gör vad du vill. Bara du tar mig, älskar mig, förför mig. Ja förför dig själv. Bara du ger allt. Allt, allt, allt.

EN STRÅLANDE DIKT.

Jag blundar och mår bra, för solen lyser och
kittlar endorfinerna under hakan.
Det är så här man vill ha det var dag. Smekas
av värme o ljus,
inget täcke, bara lakan.

Njuta av stillhet, värme och en kall öl.
Insupa grönskan, naturen och -Se, ett nyfött
föl!
Och på vingliga, taniga ben går den till sin
mor och får di.
Jag lyser med solen och molnen drar förbi.

``B`` sade " Var berusade av vin, dikt eller
dygd."
Och jag säger eder att livet och kärleken är en
berusande brygd.

Stor är...
Kärleken till: naturen, skaldekonsten,
måleriet och lyriken. Oh! får ej glömma
musiken, ty den är ock stor. Men störst är
kärleken till livet som mig på sina axlar bär.
Så att jag kan sitta i solsken och skriva detta
här.

MODER JORD

Moder Jord välkomnar alla, oavsett religion.
Hon bryr sig inte heller om du är fattig eller
rik, profet eller hycklare, geni eller tok. Nej
hon hälsar alla neutralt välkommen.
Välkommen till återvinningsstationen.

MÅNGA BÄCKAR SMÅ

Sök dig till marker och ängar där nektar får
släcka din törst.
Gå ej till bitterhetens o vemodets källa för att
söka tröst

Trösta dig ej med mindre än vad du är
värd
Fyll din bägare med det renaste vatten och
fortsätt din färd
Ty din resa är som en porlande bäck

KRIG

Krig är ett tillstånd då gravar grävs.
Och där i djupet ligger förnuftet.

EN SUP

Är du bitter och sur,
eller glad o vill sjunga i dur?
Ta du då dig en sup.
Och från minnenas djup,
plocka fram toner som förgyller ,
och bilder som fyller,
 dig med glädje o rus.
Ja! fyll på ditt krus!

SOL

Du är en vän i kyla och nöd
men dock måste vi se upp för din glöd.
Du ger, du förtär, du bara är.
Och under dina strålar, sitter jag här och
målar o skriver,
och bara är.

GLÖM INTE

Glöm inte de ord som värmer
Glöm inte de ord som sårar
Glöm inte att vara stark när man är
som svagast

ATT SKAPA

Så skönt att än en gång få hålla i pennan.
Grå grafit mot vit hud. Tillsammans ska vi
printa in magiska ord som blir till meningar
på detta blad. Kanske blir det en serenad,
eller kanske något om ett gästabud. Vad vet
jag.

FÖDELSEDAG

Klockan den slår.
Åren de går.
Minnen från förr klänger sig fast,
men även de lever i en tynande
värld.
Tiden tar ingen rast.
Hipp Hipp Hurra!
Man får vara gla´
för ännu en da´

LIVET

En gåva hon är.
Så dyrbar, så skör, så kär.
Hennes namn är livet.
Ja må hon leva!

ORD OCH INGA VISOR

Ord utan handling,
är som en kyrka utan församling.

Ord kan vara starka, svaga, vaga.
Ord kan beröra, förföra,förgöra,
behaga.

Ord kan fängsla och befria, men om
framtiden intet sia.

Ord kan man begråta, skratta och
förlåta.

Ord kan äska tystnad. Så att själen
kan få ro.
Ty ibland behövs inga ord. Bara
stillhet och en båt man kan ro.

ORDSPRÅK, CITAT

"om inte saker är som de är. Och var som de
var.
Så vore vi kanske inte här."

"vi lever i den tid och plats som vi befinner
oss i"

"jag målar! för jag har ett motiv"

"när den enfaldige är svag, behöver hon
mångfaldig styrka"

"man är inte starkare än sina svagaste
stunder"

DIKTER PÅ ENGELSKA

ENGLISH POEMS

HERO OR FOOL

What is to be
a masters tool
or footloose and fancy free

Who is the hero? Who is the fool?
Ring the bell and you will se
Who is the hero, who is the fool

A choice, or the masters voice

You lucky few, here to be
nor master, nor slave
who is the brave
who is laying in the grave
Hero or fool, who can se.

" CRY SOLDIER CRY "

Cry soldier cry, if you pull that trigger.
Wanna be a gravedigger? I wonder why?

So many flowers this medow once had.
And now, painted red,
our master turned mad.
A river of blood now colour this bed.
Ooh, we lost what we once had.

Cry soldier cry, when the war is over.
And ask yourself, where are all the fields of
clover.

Wear the willow...in the meadow...that aint no
more.

Widows weep among the dead,
because of one man, on a high horse, lost his
head.

CHRISTMAS DELIGHT

From green to white.
Se the snow.
Flowers below,
are out of sight.

Christmastree,
time to glow.
Santa is coming,
to high and low.

A star so bright,
lights up the sky.
Angel of light,
don´t cry...
it´s Christmas delight.

RINPOCHE

You sailed the mountains
and the valley below.
You came with the winds of change.

Thru time and space
and distant lands
you came to this place.

But you can´t stay, you say.
You have to go.
To the mountains and the valleys below.

THE PATH (of life)

Life...a journey thru time and space.
Destiny...who will know, who can tell.

Step by step, fotprints in the sand.
Your path is yours to go.
Alone or hand in hand.
Say hello...say farewell.

A crossroad...a choice.
Listnen to your heart.
A voice, forgotten by many, remembered by few.
Set sail ! Your path is yours to go.
Love will guide you through the mist.
To the promised land of milk and honeydew.

RIVER DEEP

River deep,
mountain high.
When time comes,
when we die.
Between, we shall sleep.

LIFE

Hand in hand, they go, life and time.
Like the ink and the paper,
searching for a purpose to make history.

NO WALLS

No walls, no borders,
no colour of race.
Can stop love,
when it comes from a heart,
full of grace.

LOVE IS...
(övers, från "Kärleken är...")

Love is... a scent of roses, a caress so sweet.
Like walking on cotton with bare
feet.

a power, aroused by beauty and
happines.
Like the bee searching for nectar,
the flower obey and undress.

like a touch of the wind when it
catches your hair.
When you are runnig on sunny
meadows, anyplace, anywhere.

like a baby bird with brittle wings.
Unsafe and scared she fumble and
stumble.
But when she reach the clouds, she
sings.

a feeling so clear and so pure.
If it comes from the heart my dear it
will endure.

WHO ARE YOU

-Who are you?
-I´m
-What are you?
-I´m the mountin you climb and the rivers you cross. I´m high, I´m low, and everywhere you go.
- I´m the tears you weep when it´s hard to sleep. But don´t worry my sheep, I will not let go.

A STORY FROM THE STREET

Words on a sheet...unfold
a story from the street...untold.
A sidewalk
look down, don´t talk
look ahead...a shop full of bread
look aside...a poor man cried
no money in his cup...look up,
into the blue...listen, the birds are singing for
you.
Words on many sheets...unfold
and told... to many.
To poor... and thoose who have money.
 So many words...and so little done,
give me some bread for my two barrel gun.

A story from the street...give me meat!
 Readers...yor eyes are closed.
And you don´t hear a single word I say.
Ten they are...no more,no less.
How can you stay...in this mess.

PEACE IN MIND (a piece of art)

Peace in mind,
peace at heart.
Don´t let anyone,
tear it apart.

Peace in mind,
peace at heart.
Even a blind man,
can draw a chart.

peace in mind,
peace at heart.
Sleep my innocent child,
you canvas of fine art.

Tomorrow, a final touch.
Someone will buy, bye, bye.
Soon we will turn apart.
Thank you so mutch,
for peace in mind, peace at heart.

WORDS

Words, what do they mean
for you – for me
for the blind and those who can se

You can whisper them out
or scream and shout

Words – they can be weak
they can be strong
they can be so right or so wrong

Words can be broken
unspoken
bring people together… or apart

But blessed are the ones that warms your
heart

*** THE END ***

TACK!

Stort tack för att ni kom till denna sida. För då har ni säkert också läst de andra som kom före.

Författaren

78

Denna diktsamling tillägnar jag
med varmt hjärta mina syskonbarn:
Emil, Emma, Madeleine och
Katarina. Och till mina fadderbarn:
Elinor, Elsa och Johannes.

Robert Vaszi

P.S Skriv så pennan glöder,
Andreas Göransson. Brainstorm and
mindflowing. D.S

SUPPORT:

AMNESTY

LÄKARE UTAN GRÄNSER

GREENPEACE

UNICEF

Skånemarmor, Helsingborg

Midgårdens värdshus, Ängelholm

Rockbåten M.S Harmony, Helsingborg

Mer om författaren hittar ni på:

http://web.comhem.se/vap.artgate
mejl: robert.pendragon@comhem.se